Rookie español

¡Detenlo
a ese
gato!

Escrito por
Cari Meister

Ilustrado por
David Brooks

hildren's Press®
a división de Grolier Publishing
eva York Londres Hong Kong Sydney
nbury, Connecticut

Para Marni
— C.M.

Especialistas de la lectura
Linda Cornwell
Coordinadora de Calidad Educativa y Desarollo Profesional
(Asociación de Profesores del Estado de Indiana)

Katharine A. Kane
Especialista de la educación
(Jubilada de la Oficina de Educación del Condado de San Diego,
California y de la Universidad de San Diego)

Información de Publicación de la Biblioteca del Congreso de los EE.UU.
Meister, Cari.
    ¡Detenlo a ese gato! /escrito por Cari Meister; ilustrado por David Brooks.
        p. cm.—(Rookie español)
    Resumen: Se presentan palabras básicas (antónimos) con dibujos representativos de u
gato que se encuentra en una variedad de situaciones. Los antónimos incluyen "arriba,"
"abajo," "abierto," "cerrado," "rápido," y "lento."
    ISBN 0-516-21689-9 (lib.bdg.)   0-516-26794-9 (pbk.)
    1. Lengua española — sinónimos y antónimos — literatura infantil. [1. Lengua
española—sinónimos y antónimos.] I. Brooks, David, il. II. Título. III. Serie.
PC4591.M45 2000
468.2'421—dc21   99-053758

MAR - - 2002

Arriba.

Abajo.

5

Alto.

Bajo.

Abierto.

Cerrado.

Sí.

11

¡No!

13

Sobre.

14

Debajo.

Rápido.

El fondo.

La cima.

¡Detente!

Lista de palabras (22 palabras)

a	arriba	debajo	ese	lento	sobre
abajo	bajo	detenlo	fondo	no	ve
abierto	cerrado	detente	gato	rápido	
alto	cima	el	la	sí	

Sobre la autora

A Cari Meister le encanta escribir cuentos sobre toda clase de animales: gatos, perros, caballos y hasta dragones. *¡Detenlo a ese gato!* es el primer libro que ha escrito para la serie *Rookie español*. La Sra. Meister también escribió *Tiny's Bath (El baño de Tiny)* y *When Tiny Was Tiny (Cuando Tiny era pequeñita)* (los dos de Viking). Vive en Excelsior, Minnesota, con su esposo John y su perro Samson.

Sobre el ilustrador

David J. Brooks vivió en Pennsylvania durante su niñez y después se mudó a Maine. Allí estudió arte en la Universidad de Maine. Durante más de veinte años ha trabajado como diseñador e ilustrador. Ahora David vive en el sur de California, donde casi nunca llueve.